BEI GRIN MACHT SICH IHR WISSEN BEZAHLT

AF149971

- Wir veröffentlichen Ihre Hausarbeit, Bachelor- und Masterarbeit

- Ihr eigenes eBook und Buch - weltweit in allen wichtigen Shops

- Verdienen Sie an jedem Verkauf

Jetzt bei www.GRIN.com hochladen und kostenlos publizieren

Bibliografische Information der Deutschen Nationalbibliothek:

Die Deutsche Bibliothek verzeichnet diese Publikation in der Deutschen National-
bibliografie; detaillierte bibliografische Daten sind im Internet über http://dnb.d-
nb.de/ abrufbar.

Impressum:

Copyright © 2010 GRIN Verlag, Open Publishing GmbH
Druck und Bindung: Books on Demand GmbH, Norderstedt Germany
ISBN: 9783656561293

Dieses Buch bei GRIN:

http://www.grin.com/de/e-book/150290/die-frage-der-gerechtigkeit

Nicole Borchert

Die Frage der Gerechtigkeit

GRIN Verlag

GRIN - Your knowledge has value

Der GRIN Verlag publiziert seit 1998 wissenschaftliche Arbeiten von Studenten, Hochschullehrern und anderen Akademikern als eBook und gedrucktes Buch. Die Verlagswebsite www.grin.com ist die ideale Plattform zur Veröffentlichung von Hausarbeiten, Abschlussarbeiten, wissenschaftlichen Aufsätzen, Dissertationen und Fachbüchern.

Technische Universität Darmstadt

Institut für Philosophie

OV Tutorium

WS 09/10

Verfasst von: Nicole Borchert

Datum: 13.01.10

TECHNISCHE
UNIVERSITÄT
DARMSTADT

Essay: Die Frage der Gerechtigkeit

Der vorliegende Textabschnitt aus *Platon. Sämtliche Dialoge: Band 1,* herausgegeben von Otto Apelt, stellt einen Dialog zwischen Sokrates und Kallikles dar.

Inhaltlich geht es vorrangig um eine Definition dessen, was als „gut" und damit als „gerecht" betrachtet werden kann. Gerechtigkeit versteht Sokrates nicht nur als Sinnbild eines guten Menschen, sondern einer vollkommenen „Weltordnung" (vgl. Apelt 2004: 134).

Im Folgenden möchte ich auf den Zusammenhang dieser Thesen eingehen und herausstellen, welcher philosophischen Vorstellung der Gerechtigkeitsbegriff zugrunde liegt. Hierbei steht die Frage im Mittelpunkt, warum nur der „vollkommen gute" Mensch als „gerecht" betrachtet werden kann.

Zu Beginn des Abschnitts liefert Sokrates im Dialog mit Kallikles eine definitorische Trennung zwischen dem „Angenehmen" und dem „Guten". Der wichtigste Zusammenhang ist hierbei zunächst darin zu sehen, dass niemals das bloß Angenehme, sondern stets das dahinterstehende Gute der Zweck allen Handelns und Denkens sein sollte. Das bedeutet, man muss das „Angenehme um des Guten willen tun", und nicht umgekehrt (Apelt 2004: 131).

Das Gute ist demnach Selbstzweck, das Angenehme spielt eine untergeordnete Rolle. Der basale Unterschied zwischen diesen Begrifflichkeiten besteht für Sokrates sozusagen im Wert dieser Eigenschaften. Während uns das Angenehme zu Freude verhilft, macht uns das Gute, als Ausdruck unseres Handelns, zu wahrhaft „guten Menschen". Die Bezeichnung eines Menschen als „gut" ist des Weiteren mit dem Begriff der „Tugend" eng verknüpft. Die Tugendhaftigkeit gilt in philosophischen Diskursen oft Maßeinheit für ein sinnhaftes, moralisches Leben und als oberstes Ziel des Handelns. Auch Sokrates beruft sich auf die notwendige „Anwesenheit einer gewissen Vollkommenheit", der Tugend (Apelt 2004: 131).

1

Die Tugend ist demzufolge wiederum mit einer Ordnung verbunden, die etwas erst als tugendhaft bestimmen kann.

In diesem Kontext ist auch die Rede von „Besonnenheit", die den Menschen zum richtigen Handeln bewegt. All diese Begriffe sind eine Art Vorstufen zur Gerechtigkeit, um nicht zu sagen dessen Voraussetzungen. Denn nur durch Besonnenheit können wir als gerecht, tapfer und fromm gelten, und nur dieses Zusammenspiel macht uns zu „vollkommen guten" Menschen (vgl. Apelt 2004: 133).

Besonnenheit spielt für die Grundidee von Gerechtigkeit deshalb eine so entscheidende Rolle, weil der Mensch nur auf diese Weise bestimmte Dinge anstreben beziehungsweise vermeiden kann. Besonnenheit stellt in diesem Zusammenhang eine weitere Voraussetzung dar, das „vollkommen Gute" zu erkennen und demnach (moralisch richtig) zu handeln. Nur ein Handeln in diesem „richtigen" Sinn führt zu wahrem Glück (vgl. Apelt 2004: 133).

Damit ist bereits ein wesentliches Merkmal dieser Auffassung von Gerechtigkeit herausgestellt; nämlich der klare Bezug zu Handlungen beziehungsweise den jeweils Handelnden. In diesem Sinne kann ein Mensch seine Gerechtigkeit nur im gerechten Handeln äußern, er ist nicht an sich gerecht.

Im Folgenden versuche ich diese Vorstellung von einem gerecht handelnden Menschen im platonischen Sinne näher zu betrachten.

Wie bereits angedeutet, ist Gerechtigkeit in dieser Argumentation eng mit dem „Glück" verbunden; einerseits mit dem glücklichen Leben des Einzelnen, andererseits mit dem kollektiven glücklichen Zusammenleben der Gemeinschaft. Glück definiert Sokrates als „Besonnenheit erstreben und üben" und der „Zuchtlosigkeit entfliehen" (Apelt 2004:133).

Gelingt das dem Einzelnen nicht, ist Züchtigung und Strafe die notwendige Folge. Diese Bestrafung darf jedoch in diesem Kontext nicht als Angriff auf den Menschen betrachtet werden, sondern als eine Art Hilfestellung zum Glück. Nicht das Glück der Anderen steht hierbei im Vordergrund, sondern das des Einzelnen, denn nur dadurch werden Gerechtigkeit und Besonnenheit überhaupt möglich.

Weitere wichtige Begriffe des vorliegenden Textauszugs stellen Gemeinschaft und Freundschaft dar. Diese sind Grundvoraussetzungen für die erdachte „Weltordnung", in der die Menschen durch eine gerechte Lebensweise einen Zusammenhalt erfahren (vgl. Apelt 2004: 133 ff.).

Damit Gerechtigkeit jedoch überhaupt möglich ist, muss das Prinzip der „Gleichheit" geltend gemacht werden. Diesen Punkt bezweifelt Kallikles aufgrund der folgenden Konsequenzen eines solchen Ansatzes: Vollkommene Gleichheit (und damit Gerechtigkeit) nach Sokrates bedeutet, dass Unrecht immer auf die gleiche Art und Weise betrachtet wird, egal um wen es sich bei dem „Frevler" handelt (vgl. Apelt 2004: 135). Es spielt demzufolge keine Rolle, ob es sich um einen selbst, einen Freund oder einen Verwandten handelt; Unrecht ist immer im gleichen Maße moralisch verwerflich. Die Konsequenz daraus ist, dass auch Sokrates selbst dazu angehalten wäre, sich oder einen nahestehenden Menschen anzuklagen. Denn etwas Unrechtes zu tun ist weitaus schlimmer, als Unrecht zu erfahren.

Damit wäre das Unrechte zu vermeiden primär im Sinne des Täters, welcher sich zum Wohle eines glücklichen Lebens gegen den „Frevel" entscheiden sollte.

Gerechtigkeit, in der Argumentation des Textes, ist zusammenfassend in erster Linie als eine notwendige Gerechtigkeit gegenüber sich selbst zu verstehen, als Voraussetzung für ein glückliches, tugendhaftes und damit vollkommenes Leben in der Gemeinschaft.

Ich bin der Ansicht, dass hier von einer sehr idealisierten Gesellschaft die Rede ist, wodurch ein Realitätsbezug relativ schwierig erscheint.

Zunächst sehe ich ein Grundproblem darin, dass trotz gesellschaftlicher Normen und Werte in der Realität oftmals eine große Diskrepanz zwischen der eigenen Gerechtigkeitsvorstellung und der anderer Menschen besteht.

Weiter erachte ich es als schwierig, Unrecht als größeres Übel für denjenigen zu klassifizieren, der es verübt. Auch wenn sich nicht jeder über sein unrechtes Handeln bewusst ist, kann man meiner Meinung nach davon ausgehen, dass ein Großteil dieser Menschen sehr wohl Recht von Unrecht unterscheiden kann. Allerdings wird dieses Bewusstsein oftmals von anderen Intentionen überlagert, die für das subjektive „Glück" von Bedeutung scheinen.

Wie beim Gerechtigkeitssinn stellt sich auch beim Glück die Frage, ob es für jeden Menschen gleiche Werte impliziert.

Ich glaube vielmehr, dass das individuelle Glück nicht davon abhängt, ob man anderen Menschen gegenüber gerecht ist, sondern eher ob und inwiefern man sich selbst von seiner Umgebung gerecht oder ungerecht behandelt fühlt.

Insofern überzeugen mich die Argumente dieses Dialoges in Bezug auf deren „Anwendbarkeit" nicht, dennoch wäre im Ansatz ein solches Verständnis von Gerechtigkeit vielleicht für die heutige Zeit wünschenswert, wenn auch nur schwer vorstellbar.

Literatur:

Apelt, Otto (Hrsg.): Platon. Sämtliche Dialoge: Band 1, Hamburg 2004, S. 131-136.